AF252643

DES

LOIS D'EXCEPTION,

PAR

M. LE DUC DE LA VAUGUYON.

MAI 1821.

DES
LOIS D'EXCEPTION.

Les lois d'exception paroissent avoir pour objet de remédier à l'existence d'un mal, ou d'en prévenir le danger.

Le vrai, le durable reméde au mal et à son danger, ne consiste réellement que dans de bonnes lois, dont la sagesse soit telle qu'elle écarte tout prétexte et toute possibilité même d'exception.

L'attentat exécrable qui a plongé toute la France dans la plus juste douleur et la plus profonde consternation, est devenu l'occasion de la proposition d'une loi' d'exception sur la liberté individuelle ; nous ne retracerons point tous les développements qui ont eu lieu dans la Chambre des Pairs et dans celle des Députés, et qui d'ailleurs se trouvent invariablement consignés dans tous les papiers publics; mais nous nous abandonnerons à l'espoir qui paroît certain que le terme provisoire de cette loi sera beaucoup plus tôt abrégé que renouvelé, et nous le fonderons sur les motifs qui l'ont fait envisager comme inutile par un grand nombre de membres des deux Chambres. — En effet, le Code d'instruction criminelle, conçu, dicté, ratifié par Bonaparte et maintenu par la Charte constitutionnelle jusqu'à ce qu'il y soit dérogé, contient toutes les dispositions les plus sévères et les plus étendues sur la recherche et la poursuite de tout complot dangereux, non seulement réalisé mais même projeté, ainsi que de tous les crimes et délits qui peuvent troubler l'ordre social. — Et le décret solennel qui fixa les attributions des procureurs-généraux, magistrats amovibles et sans cesse révocables par le Gouvernement, les investit du pouvoir, en quelque sorte discrétionnaire, de présider à l'exécution des articles du Code, de la surveiller et de l'assurer par l'entremise de leurs agents secondaires.

L'article 4 de la Charte constitutionnelle, dans la vue de conserver à chaque citoyen l'exercice du droit le plus cher de la propriété la plus précieuse de la liberté individuelle et de le lui assurer de manière qu'elle ne puisse éprouver ni redouter aucune atteinte est ainsi conçu. — *Personne ne peut être poursuivi ni arrêté que dans les cas prévus par la loi et avec les formes qu'elle a prescrites.*

Mais cet article n'offre que l'énonciation d'un principe et non le développement d'une loi. Nous allons tracer les principaux articles de celle qui paroîtroit destinée à remplir l'intention de la Charte. — Nous les exposerons avec d'autant plus de confiance qu'ils sont puisés dans la lettre circulaire adressée par M. le garde des sceaux, à son avénement au ministère de la justice, à tous MM. les procureurs-généraux des cours royales (1).

Le respect pour les droits inviolables de la liberté individuelle, ne permettant pas sans un motif grave, d'user de contrainte envers un individu qui présente une garantie toutes les fois qu'il s'agit de simples délits et que l'inculpé est domicilié, le juge d'instruction doit géné-ralement se borner à décerner contre lui un mandat de comparution, sauf à le convertir en

____

(1) Voyez le moniteur du mois de février 1819.

tel autre mandat qui sera jugé nécessaire après qu'il aura été interrogé.

Un mandat d'amener devant la justice, lorsqu'il y a lieu, doit nécessairement être décerné contre le prévenu d'un délit correctionnel qui n'a point de domicile fixe.

Un mandat d'amener doit être également décerné contre tout prévenu de crimes, quoiqu'il ait un domicile connu et quelle que soit sa qualité. Néanmoins lors même que l'individu est dénoncé comme auteur ou complice d'un crime de nature à emporter peines afflictives ou infamantes, la dénonciation ou la plainte seule, n'établissent pas une présomption suffisante pour décerner contre lui ce mandat, s'il a un domicile, l'emploi de cette mesure doit toujours être appuyé de quelques indices, de quelques probabilités et de quelques circonstances qui rendent nécessaire l'interrogatoire du prévenu.

Le prévenu qui se présente en exécution d'un mandat de comparution, doit être interrogé de suite par le magistrat qui l'a appelé.

Celui qui est traduit en vertu d'un mandat d'amener, doit sans plus de délai être interrogé dans les 24 heures.

S'il s'agit d'un flagrant délit, l'interrogatoire du prévenu, contre lequel il a été délivré un mandat d'amener, doit avoir lieu sur-le-champ.

La délivrance des mandats de dépôt ou des mandats d'arrêt, doit toujours être précédée de l'interrogatoire des prévenus, et même le plus souvent d'un commencement d'information.

Dans les cas où l'arrestation du prévenu même de simple délit, tels que ceux où sa liberté menace la société et où la justice doit rechercher ses complices, le prévenu conserve la faculté d'obtenir sa mise en liberté provisoire, sous caution, et elle doit lui être accordée toutes les fois que cette caution offre une gàrantie suffisante pour la société, et que la mise en liberté ne peut plus alarmer la sûreté publique, ni empêcher la découverte des fauteurs du délit.

L'interdiction au prévenu de communiquer doit être employée utilement et même nécessairement en certaines circonstances, particulièrement dans les crimes commis de concert et par complot. — Elle ne doit être ordonnée que lorsqu'elle est indispensable à la manifestation de la vérité et seulement durant le temps strictement nécessaire pour atteindre ce but. —Aucune rigueur accessoire ne doit être ajoutée à celle de ce moyen d'instruction. — Le prévenu momentanément privé de communication, doit être traité à tout autre égard comme les autres détenus.

Les juges d'instruction seront tenus de rendre toutes les semaines le compte des procédures à l'occasion desquelles la défense de communiquer aura été faite à un prévenu. — Le tribunal appréciant les motifs de cette mesure extraordinaire, la confirmera ou l'infirmera par une décision formelle. — Il préviendra par sa surveillance et réprimera au besoin par son autorité tout ce qui seroit irrégulier, injuste ou vexatoire.

L'état exact des procédures dont il aura été ainsi rendu compte au tribunal, par les juges d'instruction, sera adressé au Ministre de la justice, chaque mois, par le président du tribunal, qui sera tenu d'y joindre l'indication de la durée de l'interdiction de communiquer, de l'époque où elle aura cessée, et des raisons qui auront déterminé à la prescrire ou à la prolonger.

L'instruction des procédures sera faite avec la plus grande célérité possible; les témoins seront appelés dans le plus bref délai, et l'affaire sera soumise au tribunal aussitôt que l'information sera complète, et présentera des indices suffisants pour éclairer la chambre du conseil, et la mettre en état de prononcer sur la prévention, et de régler la compétence.

Lorsque la procédure sera parvenue a ce point, l'allégation du besoin de rechercher des complices, ou de la nécessité de recevoir des déclarations de témoins éloignés ou absents de leur résidence ordinaire, ne pourra autoriser les juges d'instruction à suspendre l'information.

Les officiers judiciaires seront tenus de rechercher et de consigner dans des procès-verbaux réguliers les faits qui ont accompagné ou suivi la perpétration du crime dans les premiers instants où il est signalé, et où les traces n'en sont pas encore effacées.

Les juges d'instruction seront tenus de réprimer sévèrement dans les officiers judiciaires toutes les négligences qui pourroient être commises à cet égard, ainsi que de refaire tous les actes qui leur paroîtroient incomplets ou défectueux.

Le président et le procureur du Roi de chaque tribunal seront tenus de faire chaque mois la visite de toutes les prisons de leur juridiction, de vérifier par eux-mêmes l'état dans lequel elles se trouvent à tous égards, ainsi que l'époque de la détention de tous les détenus, et des causes qui l'ont déterminée ou prolongée. — Ils seront tenus de faire parvenir chaque mois, avec la plus scrupuleuse exactitude, au Ministre de la justice, le relevé de leurs visites dans chacune des prisons de leur juridiction.

Ce relevé sera communiqué tous les mois par le Ministre de la justice au Ministre de l'intérieur et au conseil général des prisons. — Le conseil général des prisons sera tenu d'examiner avec une scrupuleuse attention tous les documents qui pourront résulter de ce relevé, relativement à l'administration générale des prisons, à la salubrité, et à la moralité des détenus. — Il présentera le résultat de ses observations et de ses délibérations au Ministre de l'intérieur, qui pourra y puiser le principe des mesures d'amélioration qu'il jugera convenable de prendre et de proposer à la sagesse et à la bienveillance du Roi.

Ces deux derniers articles ne se trouvent pas

dans la lettre circulaire de M. le Garde des Sceaux, mais il a paru convenable de les ajouter, comme un complément conforme aux vues de justice et de sagesse développées dans cet acte très recommandable de son ministère.

Ces deux articles, par l'effet nécessaire de la correspondance habituelle établie entre les présidents et procureurs du Roi de chaque tribunal, le Ministre de l'intérieur et le conseil général des prisons, offriront le moyen certain d'assurer le système d'amélioration des prisons, et d'en suivre les progrès.

Le complément de la loi sur la liberté individuelle, dont nous avons exposé les principaux articles, paroîtroit pouvoir et devoir se trouver dans celle qui fixeroit la responsabilité des agents secondaires de l'administration. Nous allons également tracer les principaux articles qui nous sembleroient les plus propres à remplir ce but important. Leur mérite essentiel nous paroît être de réprimer nécessairement les abus de l'administration, sans pouvoir jamais en suspendre ni arrêter la marche.

Tous les agents ou préposés quelconques de l'administration, autres que les maires, adjoints, sous-préfets et préfets, pourront, de la même manière que les simples citoyens, être traduits devant les tribunaux pour des délits et crimes commis dans l'exercice de leurs fonctions.

Lorsque les maires, adjoints, sous-préfets et préfets seront prévenus de délits et crimes commis dans l'exercice de leurs fonctions envers les particuliers, le ministère public fera, sur la plainte ou dénonciation des parties lésées, procéder contre eux à une instruction préparatoire, entendre des témoins, dresser des procès-verbaux, recueillir des preuves. Néanmoins les fonctionnaires inculpés ne pourront être provisoirement atteints d'aucun mandat, ni même interrogés en justice hors les cas de flagrant délit.

L'instruction faite, le tribunal saisi de la plainte qualifiera le délit, le procureur-général avertira le préfet du département, et transmettra les pièces de la procédure au Ministre de la justice.

Le Ministre de la justice sera tenu d'en référer de suite au Ministre compétent; et si le

Ministre compétent, dans le délai de six semaines, ne déclare point qu'il n'y a lieu à
poursuivre, le tribunal passera outre à la con-
tinuation de la procédure contre le fonctionnaire inculpé.

La déclaration du Ministre ne pourra, dans
aucun cas, après l'expiration dudit délai, arrêter l'action civile de la partie lésée contre le
fonctionnaire, auteur immédiat du délit, sauf
le recours de celui-ci en garantie, et aux mêmes
fins contre le Ministre compétent.

(1) Lorsque le tribunal aura prononcé et déterminé les dédommagements qu'il jugera con-
venables en faveur de la partie lésée, en lais-
sant aux fonctionnaires condamnés un légitime
recours contre le Ministre compétent, la partie
lésée aura la faculté de réclamer les dédommagements à elle adjugés du fonctionnaire, auteur immédiat du délit, ou directement du
Ministre compétent et responsable, si cela lui
convient mieux.

---

(1) Ces cinq articles sont tirés du très estimable ou-
vrage de M. de Cormenin, maître des requêtes au conseil
d'état.

La loi répressive des journaux, du 9 juin 1819, a paru dès le principe, à tous les bons esprits et à tous les vrais amis de la vérité et de l'ordre, insuffisante à la répression des délits dont la liberté des écrits périodiques peut devenir l'occasion ; et c'est un grand malheur sans doute que cette loi n'ait pas contenu à cette époque les vrais, les seuls moyens d'une répression salutaire qui s'accordent si bien avec l'exercice d'une sage liberté. En effet, plusieurs journaux se sont permis la plus condamnable licence. La nécessité d'une répression, déja reconnue indispensable, est devenue urgente. On ne peut disconvenir ni de l'existence d'un grand mal, ni de l'importance d'un prompt remède. Tel est sans doute le motif qui a inspiré au Gouvernement le projet de loi précédemment présenté à la délibération des Chambres ; mais les moyens qu'il propose se réduisent essentiellement à une suspension, jusqu'à une époque déterminée, de la libre circulation de tout journal ou écrit périodique, et à une censure préalable. Ce n'est que dans une loi sagement mais complétement répressive que peut se trouver le prompt et durable remède à un mal dont les conséquences peuvent devenir de jour en jour plus graves. Nous allons tracer les éléments de celle qui nous a paru propre à atteindre un but si important.

De la répression des journaux.

Tout journal, écrit périodique, quotidien, à jour fixe ou par livraison, ne pourra contenir l'exposé ou le développement d'aucune théorie ou doctrine contraire aux principes de la morale religieuse, aux maximes fondamentales de la monarchie constitutionnelle et de la successibilité au trône.

Tous les actes du Gouvernement et de l'administration pourront recevoir la plus grande publicité dans les journaux, écrits périodiques, quotidiens, à jour fixe ou par livraison ; ils pourront y être librement appréciés et critiqués ; mais cette appréciation et cette critique bornées à l'acte en lui-même, ne pourront être accompagnés, ni directement, ni indirectement, d'aucune personnalité quelconque.

Tout abus de pouvoir quelconque pourra y être énoncé ; mais le journaliste sera tenu d'en imprimer la rétractation lorsqu'elle lui sera adressée.

Les actes des Gouvernements étrangers pourront y être relatés, mais sans être accompagnés d'aucune réflexion.

Aucun journal, écrit périodique, quotidien, à jour fixe ou par livraison, ne pourra, sans son autorisation, contenir aucuns détails de la vie privée d'un individu quelconque, lors même qu'ils paroîtroient complétement indifférents.

Lorsque lesdits journaux apprécieront librement, et critiqueront les actes du Gouvernement et de l'administration, ils ne pourront contenir aucuns faits relatifs aux fonctionnaires quelconques qui soient étrangers à l'acte du Gouvernement et de l'administration qu'ils apprécient ou critiquent, lors même que les faits ne seroient point injurieux, lors même qu'ils seroient d'une indifférence complète.

Il sera exigé de l'éditeur ou propriétaire responsable de chaque journal, écrit périodique, quotidien, à jour fixe ou par livraison, un fort cautionnement, qui sera déterminé dans les proportions du produit du journal, écrit périodique, quotidien, à jour fixe ou par livraison, objet de sa responsabilité.

Toute contravention aux articles ci-dessus

énoncés sera punie d'une amende déterminée dans les mêmes proportions ; la récidive le sera d'une amende double, et la troisième infraction d'une amende triple.

Tous les cautionnements susdits et les sommes des amendes prononcées en cas de contravention à la présente loi, seront versés dans la caisse des consignations : la distribution de celles des amendes sera faite dans celles des divers hospices, conformément à l'ordonnance du Roi, qui sera rendue à ce sujet.

Tous les articles de la loi du 9 juin 1819, auxquels il n'est pas dérogé par la présente loi, ou fait des changements, seront maintenus.

La loi du 31 mars 1820 demeurera sans effet.

DE L'IMPRIMERIE DE P. DIDOT, L'AINÉ,

CHEVALIER DE L'ORDRE ROYAL DE SAINT-MICHEL,

IMPRIMEUR DU ROI ET DE LA CHAMBRE DES PAIRS,

Rue du Pont de Lodi, n° 6.

2